Kristian Kretzschmar

Telemonitoring-Techniken: Home-Health-Monitoring und Mobile-Health-Monitoring

GRIN Verlag

Bibliografische Information der Deutschen Nationalbibliothek:

Die Deutsche Bibliothek verzeichnet diese Publikation in der Deutschen National-
bibliografie; detaillierte bibliografische Daten sind im Internet über http://dnb.d-
nb.de/ abrufbar.

Impressum:

Copyright © 2010 GRIN Verlag GmbH
Druck und Bindung: Books on Demand GmbH, Norderstedt Germany
ISBN: 978-3-656-57809-3

Dieses Buch bei GRIN:

http://www.grin.com/de/e-book/267483/telemonitoring-techniken-home-health-
monitoring-und-mobile-health-monitoring

GRIN - Your knowledge has value

Der GRIN Verlag publiziert seit 1998 wissenschaftliche Arbeiten von Studenten, Hochschullehrern und anderen Akademikern als eBook und gedrucktes Buch. Die Verlagswebsite www.grin.com ist die ideale Plattform zur Veröffentlichung von Hausarbeiten, Abschlussarbeiten, wissenschaftlichen Aufsätzen, Dissertationen und Fachbüchern.

Besuchen Sie uns im Internet:

http://www.grin.com/

http://www.facebook.com/grincom

http://www.twitter.com/grin_com

FOM Fachhochschule für Oekonomie & Management

Essen

Berufsbegleitender Studiengang

Wirtschaftsinformatik

5. Semester

Hausarbeit

im Fachbereich „E-Business & Mobile Computing"

über das Thema

Betrachtung der Telemonitoring-Techniken –

Home-Health-Monitoring und

Mobile-Health-Monitoring

Autor:

Kristian Kretzschmar

14. Februar 2010

Inhaltsverzeichnis

Abbildungsverzeichnis

Tabellenverzeichnis

1 Einleitung

Die stetige Weiterentwicklung in allen medizintechnischen Bereichen hat in den vergangenen Jahrzehnten zu einer stetigen Abnahme der Todesfälle geführt. Es werden ständig neue Verfahren und Techniken vorgestellt, die das Leben von Patienten verlängern, erleichtern oder komfortabler machen. Aus diesem Grund hat sich der Autor dazu entschlossen auf diesen Bereich des Gesundheitswesens einzugehen. Der Schwerpunkt liegt dabei auf der Betrachtung der Telemonitoring-Techniken – Home-Health-Monitoring und Mobile-Health-Monitoring. Es soll das Eignungspotential sowie der Nutzen bzw. der Mehrwert aufgezeigt werden, der durch den Einsatz dieser Technik im Gesundheitswesen erzielt werden kann.

Um eine Antwort darauf zu erhalten, welches Eignungspotential und welcher Mehrwert, durch den Einsatz der beiden Telemonitoring-Techniken – Home-Health-Monitoring und Mobile-Health-Monitoring vorhanden ist, werden zu Beginn dieser Arbeit zunächst die Grundlagen erklärt. Dadurch soll deutlich werden, wo der Begriff des Telemonitorings einzuordnen ist, was Telemonitoring bedeutet und welche technischen Voraussetzungen geschaffen sein müssen. Zudem wird detailliert auf den Funktionsumfang des Telemonitoring eingegangen. Anschließend werden kurz die beiden Techniken Home-Health-Monitoring und Mobile-Health-Monitoring vorgestellt. Nachdem sich über die Grundlagen ein Überblick verschafft werden konnte, werden in dem darauf folgendem Kapitel die Eignung und der Nutzen von Home-Health-Monitoring und Mobile-Health-Monitoring im Gesundheitswesen untersucht. Dazu werden die beiden Techniken gegenübergestellt und bewertet. Das daraus resultierende Ergebnis wird mit Hilfe einer Grafik zum besseren Verständnis vereinfacht dargestellt. Im weiteren Verlauf werden der Einfluss, das Risiko und die Folgen, die durch den Einsatz von Telemonitoring entstehen genauer betrachtet. Anschließend wird auf die Entwicklung im Gesundheitswesen eingegangen. Der Abschluss dieser Arbeit wird durch ein Fazit geprägt.

2 Grundlagen

2.1 Telemedizin

2.1.1 Definition

Die Telemedizin ist ein Teilbereich der Telematik und beschreibt ein vergleichsweise neues Tätigkeitsfeld im Gesundheitswesen. „Man versteht darunter die Erbringung konkreter medizinischer Dienstleistungen in Überwindung räumlicher Entfernungen durch Zuhilfenahme moderner Informations- und Kommunikationstechnologien."[1] Die Telemedizin ist dem E-Health zuzuordnen und umfasst unter anderem die elektronische Gesundheitskarte, die elektronische Patientenakte, den elektronischen Arztbrief oder das eRezept. Der Begriff Telematik wird im Gesundheitswesen als Sammelbegriff für gesundheitsbezogene Aktivitäten, Dienste und Systeme verstanden, der über räumliche Entfernung mittels Informations- und Kommunikationstechnologie ausgeführt wird.[2]

2.1.2 Entstehung

Die Entwicklung der Telemedizin verlief in mehreren Etappen. Der erste Meilenstein im Bereich der Telemedizin, war die Erfindung des Telefons. Innerhalb kürzester Zeit wurde das Telefon zu einem der wichtigen Instrumente für Ärzte. In dieser Phase blieb es jedoch ausschließlich bei einzelnen lokalen Forschungsprojekten. Der nächste Entwicklungsschub wurde in den 60er Jahren durch die NASA und die Arktisforschung ausgelöst. Das Ziel bestand darin, Astronauten und Forscher auch an entlegenen Orten medizinisch betreuen zu können. Im zivilen Bereich folgten einzelne Projekte zur Gesundheitsversorgung von Bevölkerungsgruppen in entlegenen Gebieten. Erst ab 1980 fand eine größere Verbreitung der Telemedizin statt, was vor allem auf technischen Neuerungen zurückzuführen ist. Dies führte dazu, dass die Telemedizin Einzug in mehrere medizinische Fachdisziplinen fand und heutzutage aus dem modernen Klinik- und Praxisalltag nicht mehr wegzudenken ist.[3,4]

---

[1] DGTelemed e.V. (o.J.), o.S.
[2] Vgl. DGTelemed e.V. (o.J.), o.S.
[3] Vgl. MEDGATE (2009), o.S.
[4] Vgl. Machacek (2003), S. 1

2.2 Body Area Network

Das Begriff Body Area Network (BAN) steht für eine Übertragungstechnologie in der Telemedizin. In der Literatur wird oftmals von einer drahtlosen Übertragungstechnologie gesprochen. Dabei handelt es sich jedoch um ein Wireless Body Area Network (WBAN), welches eine Weiterentwicklung des BANs ist. Die beiden Übertragungstechnologien unterscheiden sich ausschließlich darin, dass bei einem WBAN die am und im Körper getragenen medizinischen Sensoren und Aktoren drahtlos als Funk-Sensoren mit anderen Geräten kommunizieren.[5]

Die Einsatzmöglichkeiten von körpernahen BANs, bzw. WBANs sind sehr vielseitig. Beispielsweise werden diese zur Erfassung von Körperfunktionen wie Blutdruck, Herzschlag oder Körpertemperatur eingesetzt. Ebenso findet die Technik in den Bereichen Elektroenzephalografie (EEG) oder Elektrokardiogramm (EKG) hohe Akzeptanz. Auch die Überwachung von vorhandenen Implantaten wie zum Beispiel die eines Herzschrittmachers gehören zu den Anwendungsgebieten. Die durch die neue Technologie gewonnen Daten können für unterschiedlichste Dienste genutzt werden. Dazu zählt beispielsweise die Behandlung chronischer Erkrankungen, medizinische Diagnosen, die Patientenüberwachung und die Überwachung biometrischer Daten.[6]

Die Grundlage und die ersten Schritte für diese Übertragungstechnologie wurden bereits 1955 am Massachusetts Institute of Technology (MIT Media Lab) in Cambridge durch Thomas G. Zimmermann, David Allport und Neil Gershenfeld erforscht und veröffentlicht. Ziel der Untersuchungen war es herauszufinden, wie das kapazitive Nahfeld der Haut für die Datenübertragung genutzt werden kann.[7]

Seit 1998 wird die Technologie von der Fraunhofer-Gesellschaft weiterentwickelt und findet seitdem auch Anwendung im medizinischen Bereich. In den darauffolgenden Jahren wurde ein Prototyp zu dem Body Area Network erstellt, welcher das erste Mal auf der MEDICA 2001 sowie auf der MEDTEC 2002 und CeBIT 2002 der Öffentlichkeit vorgestellt wurde. In den Jahren 2004 bis 2006 wurde das Projekt

---

[5] Vgl. ComputerBase (2009), o.S.
[6] Vgl. ComputerBase (2009), o.S.
[7] Vgl. ComputerBase (2009), o.S.

„BASUMA" vom Bundesministerium für Wirtschaft und Technologie gefördert, welches zur Aufgabe hatte, eine System-on-Chip – Lösung zu entwickeln. Eine Weiterentwicklung dieses Systems wird seit Februar 2005 seitens der japanischen NTT unter dem Namen RedTacton betrieben.[8]

2.3 Telemonitoring

2.3.1 Technische Systembeschreibung

Ein Telemonitoringsystem besteht im direkten Umfeld des Patienten aus diversen medizinischen Sensoren und einer Basisstation. Zu den Komponenten, die nicht in unmittelbarer Umgebung des Patienten zu finden sind, gehören ein Übertragungssystem und eine Datenbank. Mit Hilfe dieser werden die aufgezeichneten Messdaten des Patienten übertragen und zentral in einem Telemedizinischen Zentrum abgespeichert. Die Daten können dann durch das Telemedizinische Zentrum, ein Krankenhaus oder den betreuenden Arzt ausgewertet werden.[9]

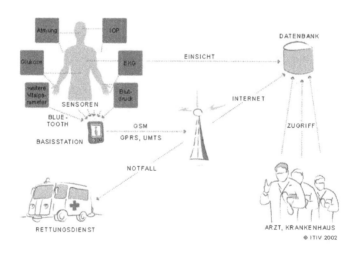

Quelle: Institut für Technik der Informationsverarbeitung (ITIV), 2002
Abbildung 1: Telemonitoringsystem

[8] Vgl. ComputerBase (2009), o.S.
[9] Vgl. Fischer u.a. (2005), S. 10

Die Sensoren, die am oder im Körper des Patienten platziert sind, kommunizieren über ein Netzwerk wie zum Beispiel dem Body Area Network oder Personal Area Network, sowohl untereinander als auch mit Empfangsendpunkten, die sich in Übertragungsreichweite befinden. Das können je nach Funkreichweite und Einsatzort Personalcomputer in medizinischen Behandlungsräumen, Arztpraxen oder auch die Basisstation in der Wohnung des Patienten sein. Fallbedingt kommt es vor, dass weitere Sensoren in das Netzwerk integriert werden müssen, was jedoch aufgrund der standardisierten Schnittstellen kein Problem darstellt.[10]

Die Basisstation des Patienten hat die Aufgabe die Daten vom Sensor-System entgegen zu nehmen und diese an ein Telemedizinisches Zentrum weiter zu leiten. Von dort aus werden die Daten dann an die behandelnde Klinik oder den Hausarzt gesendet. Die Basisstation kann ein Handy sein, welches über den Mobilfunk kommuniziert, oder ein ortsfestes Gerät in der Wohnung des Patienten mit einem Anschluss an das Festnetz oder Internet.[11]

2.3.2 Systemkomponenten

Die Systemkomponenten setzen sich aus drei unterschiedlichen Bestandteilen zusammen – den Sensoren, dem Sensornetzwerk und der Basisstation. Die Sensoren bilden die Grundlage für ein kardinales Telemonitoring, da diese aufgrund ihrer lokalen Datenverarbeitung und ihrer Kommunikationsfähigkeit in der Lage sind, Messdaten vorzuverarbeiten und drahtlos weiterzuleiten. Es gibt bereits eine Vielzahl von Sensoren, die vom Monitoringsystem verwendet werden können. Dazu gehört unter anderem das Mehrkanal-EKG, der Blutdruck-Sensor, das Pulsoximeter oder die Personenwaage. Weitere Sensoren lassen sich ohne Probleme in das Monitoringsystem integrieren. Das bringt den Vorteil, dass auf die Bedürfnisse jedes einzelnen Patienten eingegangen und ein individuelles System (Personal Health Monitoring System) für diesen zusammengestellt werden kann.[12]

Das Sensornetzwerk ist der kommunizierende Teil des Systems. Das Netzwerk sorgt für eine reibungslose Verbindung zwischen den Sensoren und der Basisstation.

---

[10] Vgl. Fischer u.a. (2005), S. 10
[11] Vgl. Fischer u.a. (2005), S. 10
[12] Vgl. Fischer u.a. (2005), S. 11

Die Vernetzung erfolgt über eine Funk-Technologie wie zum Beispiel Bluetooth. Daher ist die Kommunikation zwischen den beiden Komponenten nur in unmittelbarer Umgebung des Patienten (Personal Area Network) möglich. Ein wichtiger Punkt bei dieser Art der Kommunikation ist, dass zur Verbindung offene Protokolle verwendet werden. Somit haben alle Hersteller die Möglichkeit Sensoren zu entwickeln und diese in das System zu integrieren. Es müssen bei der Herstellung von Sensoren jedoch einige Anforderungen erfüllt werden. Dazu gehört beispielsweise, dass eine drahtlose Datenübertragung, eine geringe Reichweite und mittlere Übertragungsraten gewährleistet werden. Aber Kriterien wie häufig wechselnde Netzkonfiguration oder geringer Strom- und Platzbedarf dürfen nicht außer Acht gelassen werden.[13]

Die dritte und letzte Systemkomponente ist die Basisstation. Dabei handelt es sich um ein zentrales Element des Telemonitoringsystems. Dieses wird auch als „Der Persönliche Gesundheitsassistent (PGA)" bezeichnet. Die Basisstation kann dabei entweder ein standortgebundenes oder ein mobiles Endgerät sein. Zu den standortgebunden Endgeräten gehört unter anderem eine sogenannte Set-Top-Box, die fest bei dem Patienten in der Wohnung installiert wird. Für eine mobile Lösung können beispielsweise Smartphones oder PDAs als Endgeräte verwendet werden. Die Basisstation dient als Bedienerschnittstelle. Sie konfiguriert die am Körper getragenen Sensoren und analysiert die aufgenommenen Parameter. Zusätzlich wird der Patient selber über kritische Vitalwerte oder Systemfehler informiert. Aber auch einem Telemedizinischen Zentrum, mit dem die Basisstation permanent per Mobilfunknetz oder Internet verbunden ist, erhält diese Informationen. Das hat für den Patienten den Vorteil, dass die gemessenen Signale von Ärzten oder medizinischen geschultem Personal in Echtzeit analysiert und ausgewertet werden können. Bei zunehmender Verschlechterung des Gesundheitszustandes des Patienten können beispielsweise entsprechende Maßnahmen eingeleitet werden. Dies kann bis hin zur Alarmierung des Rettungsdienstes mit automatischer Lokalisierung des Patienten führen.[14]

---

[13] Vgl. Fischer u.a. (2005), S. 12
[14] Vgl. Fischer u.a. (2005), S. 12

2.3.3 Messdatenerfassung am Patienten

Das kontinuierliche Monitoring eines Patienten erlaubt eine ganz neue Qualität in der medizinischen Diagnose und Krankheitsüberwachung. Dies hängt vor allem damit zusammen, dass durch die Technologie mehrere Vitalparameter gleichzeitig erfasst werden können, was vorher nicht möglich gewesen ist. Dies schafft in der Medizin ganz neue Möglichkeiten. Es können zum einen viel frühere und sicherere Diagnosen gestellt werden, aber auch die Krankheitsbehandlung und Medikamentendosierung kann bedarfsoptimierter erfolgen. Dadurch sind ganz neue Ansätze in der Diagnose und Behandlung möglich. Bei Patienten, die eine Herzerkrankung haben wird beispielsweise die Messung folgender Parameter per Monitoring empfohlen:

- Gewicht
- Blutdruck
- EKG
- Sauerstoffsättigung[15]

2.3.4 Datenübertragungssysteme

Unter dem Begriff Datenübertragungssysteme sind die drei verschiedenen Kommunikationsbereiche und Kommunikationstechnologien, die innerhalb eines Monitoring-Systems eingesetzt werden, zusammengefasst. Dazu zählt das Body Area Network (BAN), welches die Verbindung der am Körper getragenen Sensoren bezeichnet. Das Personal Area Network (PAN), was für die Kommunikation zwischen den Sensoren und der Basisstation zuständig ist. Der letzte Bereich ist die Telefonverbindung (ISDN, DSL) oder eine Mobilfunkstrecke (GSM, UMTS). Anhand dieser Verbindung wird die Anbindung der Basisstation an das telemedizinische Zentrum realisiert, so dass letztendlich autorisierte Anwender wie Ärzte, Patienten oder Bediener auf die erfassten Parameter zugreifen können.[16]

---

[15] Vgl. Fischer u.a. (2005), S. 10-11
[16] Vgl. Fischer u.a. (2005), S. 13

2.4 Home-Health-Monitoring

Der Begriff Home-Health-Monitoring (HHM) beschreibt eine der momentan zwei verfügbaren Technologien, um die erfassten Daten des Telemonitorings zu übertragen. Das HHM beschränkt sich dabei zu Beginn der Entstehung ausschließlich auf die analoge Übertragung per Telefon. Dieser Stand der Entwicklung wird auch als Telemonitoring der ersten Generation bezeichnet. Später entwickelte sich diese Technik dahin, dass die Daten auch digital per Internet übertragen werden konnten.[17] Auch wenn sich die Technik im Laufe der Zeit von einer analogen zu einer digitalen entwickelt hat, muss eine Set-Top-Box in der Wohnung des Patienten installiert werden, die für die eigentliche Übertragung zuständig ist. Das wiederum bedeutet, dass es sich beim HHM um eine standortgebundene Technik handelt.[18]

2.5 Mobile-Health-Monitoring

Der Begriff Mobile-Health-Monitoring (MHM) hat im Grunde denselben Aufgabenumfang wie das Home-Health-Monitoring. Auch hier müssen die erfassten Daten an eine zentrale Stelle geschickt werden um diese weiter zu verarbeiten. Der Unterschied zwischen den beiden Techniken ist, dass die MHM Technologie nicht standortgebunden ist. Zur Datenübertragung werden mobile Endgeräte wie Mobiltelefone, Personal Digital Assistants (PDAs), Web Pads, Subnotebooks und vor allem drahtlose Übertragungstechniken verwendet. Auf die fest installierte Set-Top-Box in der Wohnung des Patienten kann verzichtet werden, da sich die benötigte Technik auf den mobilen Endgeräten befindet.[19]

---

[17] Vgl. Müller u.a. (o.J.), S. 14
[18] Vgl. Matera (2009), S. 58
[19] Vgl. Braasch (2007), S. 260

3 Eignung und Nutzen von Home-Health-Monitoring und Mobile-Health-Monitoring

Als Anfang der 80er Jahre erstmals von Telemedizin gesprochen wurde, konnte sich noch niemand vorstellen, welche Entwicklung die Technik im Laufe der Jahre durchmachen wird. Damals bestand das Ziel darin, mit relativ einfacher Technik (analoges Telefon), eine Person, die sich an einem entlegenen Ort befindet medizinisch betreuen zu können. Die fortgeschrittene Technik ermöglicht heutzutage jedoch ganz neue telemedizinische Dimensionen. So hat sich die standortabhängige Technik, die in Krankenhäusern oder in der Wohnung des Patienten installiert ist, zu einer mobilen standortunabhängigen Lösung weiterentwickelt.

3.1 Gegenüberstellung und Bewertung der beiden Techniken

Der größte Unterschied der beiden zu vergleichender Techniken ist die Mobilität. Beim Home-Health-Monitoring ist der Patient an einen Standort wie zum Beispiel die eigene Wohnung gebunden. Für Patienten, die auf Grund des fortgeschrittenen Status der Krankheit permanent überwacht werden müssen bedeutet dies, trotz der standortgebunden Technik, ein gewisses Maß an Mobilität. Denn diesen Patienten wird durch diese Technik die Möglichkeit geboten, sich in den eigenen vier Wänden aufzuhalten und dennoch durch das System permanent überwacht zu werden. Jedoch bietet das Home-Health-Monitoring noch nicht die Mobilität, die sich ein Patient wünscht. Um Patienten diese gewünschte Mobilität zu ermöglichen wurde das Mobile-Health-Monitoring entwickelt. Mit dieser Technik hat der Patient jetzt ganz andere Möglichkeiten sich zu bewegen und mit seiner Krankheit umzugehen.

Eine weitere wichtige Eigenschaft beim Monitoring ist die Ausfallsicherheit. Die beste und modernste Technik bringt dem Patienten keinen Nutzen, wenn sie nicht einwandfrei funktioniert. Bei der Betrachtung der Ausfallsicherheit schließen beide Techniken schlecht ab, da beide Techniken einen „Single Point of Failure" haben. Das bedeutet, dass der Ausfall einer einzigen Komponente zu einem kompletten Systemausfall führen kann. Bei beiden Techniken handelt es sich dabei um die Komponente Basisstation. Fällt dieses Gerät aus, kann keine Verbindung zwischen Patienten und Rechenzentrum hergestellt werden.

Aufgrund der Gegebenheit, dass zu der Benutzergruppe eines solchen Systems vorwiegend ältere Menschen gehören, spielt die Bedienerfreundlichkeit eine wichtige Rolle. Ältere Menschen haben oftmals Hemmungen und Schwierigkeiten mit neuer Technik umzugehen. Aber auch körperliche Barrieren können die Bedienung fast unmöglich machen. Demzufolge ist es für den Endnutzer (Patienten) besonders wichtig, dass dieser nur minimale Einstellungen am Gerät vornehmen muss. In beiden Bereichen ist es so, dass das auf die Bedürfnisse des Patienten angepasste System durch einen Techniker installiert und konfiguriert wird. Somit ist der Patient nicht in den Installationsvorgang involviert und kann infolgedessen auch keine Fehler machen. Die einzige Maßnahme, die ein Patient vornehmen muss, ist die Bestätigung, dass ein Messvorgang abgeschlossen ist. Beispielsweise nachdem Gewicht, Blutdruck, Puls oder Blutzucker gemessen wurde. Wenn ein Patient sich für die eigenen Daten interessiert, die das System aufgezeichnet hat, hat dieser auch die Möglichkeit Statistiken oder sonstige Auswertungen anzusehen. Dafür wird jedoch ein gewisses technisches Wissen benötigt. Im Bereich des Home-Health-Monitoring ist es erforderlich, dass der Patient in der Lage sein sollte, das eigene Fernsehgerät zu bedienen, denn dieses wird beim Home-Health-Monitoring mit in das Netzwerk eingebunden und bietet die Möglichkeit die Daten und Statistiken in einer Art Videotext zu betrachten. Im Bereich des Mobile-Health-Monitoring ist die Bedienung der Endgeräte etwas schwieriger, da es sich vorwiegend um ein handelsübliches Mobiltelefon handelt welches mit einer Software erweitert wird. Damit der Patient sich dort die gewünschten Informationen anschauen kann, ist es erforderlich, dass dieser die Bedienung des Gerätes, vor allem die Menüführung, beherrscht. Es gibt jedoch auch Hersteller von Mobiltelefonen, die sich auf ältere Menschen spezialisiert haben und altersgerechte Geräte auf den Markt gebracht haben. Diese Geräte haben üblicherweise eine sehr vereinfachte Menüführung, große Tasten und erheblich weniger Funktionen als ein gewöhnliches Mobiltelefon.

Abschließend hat der Autor seine Erkenntnisse, die er aus dem Vergleich der beiden Telemonitoring-Techniken geschlossen hat in einer Tabelle graphisch zusammengefasst.

	Home-Health-Monitoring	Mobile-Health-Monitoring
Mobilität	O	+
Ausfallsicherheit	≠	≠
Bedienerfreundlichkeit	+	+

Legende	+ positiv	O neutral	≠ negativ

Quelle: Eigene Darstellung
Tabelle 1: Ergebnisse der Gegenüberstellung

3.2 Einfluss der Technik auf den Patienten

Egal, ob bei einem Patienten ein standortgebundenes Home-Health-Monitoring-System oder ein standortunabhängiges Mobile-Health-Monitoring-System installiert wird, es bedeutet für den Patienten ein gewisses Maß an Freiheit. Durch den Einsatz einer der beiden Telemonitoring-Systeme lässt sich die Lebensqualität eines Patienten drastisch steigern. Das beginnt schon damit, dass sich der Aufenthalt im Krankenhaus verkürzen lässt, da die Beobachtung auch außerhalb des Krankenhauses erfolgen kann. Aber auch die umständliche Versorgung auf dem Land ist keine Herausforderung mehr. Der regelmäßige Aufenthalt in Krankenhäusern oder bei Ärzten, um Vitalparameter zu messen, kann durch den Einsatz von Telemonitoring eingespart werden. Das bedeutet für den Patienten, dass er ein gewisses Maß an Freizeit zurück bekommt, was Ihm durch die Krankheit genommen wurde.

Ein weiterer entscheidender Einfluss den Telemonitoring mit sich bringt ist, dass die Zeit zwischen einem Herzinfarkt und der Ankunft des Patienten in einem Krankenhaus drastisch gesenkt werden kann. Dies ist nur möglich, da das System permanent über die Vitalparameter des Patienten wacht. Sollte es beispielsweise zu einem Herzstillstand kommen, warnt das System sofort das angebundene technische Zentrum, welches nach der Prüfung der Daten den Rettungsdienst alarmiert. Aufgrund der Standortbestimmung eines Mobiltelefons wäre beim Mobile-Health-

Monitoring sogar die Bestimmung der aktuellen Position des Patienten auch außerhalb der eigenen Wohnung möglich, was möglicherweise zu einem schnelleren Eintreffen des Rettungswagens führen kann. Mit Hilfe der Telemedizin im Notarztwagen wäre es sogar möglich auf die zentralen Datenbank in einem Telemedizinischen Zentrum zuzugreifen um sich nötige Informationen schon vor dem Eintreffen des Rettungswagens beim Patienten zu verschaffen.

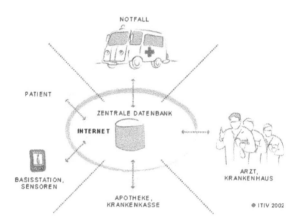

Quelle: Institut für Technik der Informationsverarbeitung (ITIV), 2002
Abbildung 2: Vernetzung der zentralen Datenbank

Durch den Einsatz von Telemonitoring kann zum Beispiel die Einhaltung der Medikation durch den Arzt genau kontrolliert werden und gegebenenfalls kurzfristig verändert werden. Dazu kann dieser entweder ein Telefonat mit dem Patienten führen oder ihm eine Nachricht auf sein mobiles Endgerät schicken.

3.3 Mögliche Risiken und Folgen durch den Einsatz der Technik

Trotz der vielen Vorteile, die der Einsatz dieser Technik mit sich bringt, ist es wichtig die Folgen und Risiken die damit verbunden sind nicht außer Acht zu lassen. Das beginnt schon damit, dass Patienten die Technik falsch verstehen können. Telemonitoring soll das Wohlbefinden und das Sicherheitsgefühl des Patienten steigern, kann jedoch unter keinen Umständen den Arztbesuch ersetzen! Viele ältere Patienten verstehen das System jedoch so, dass Sie sich um nichts mehr kümmern müssen und das System alle Aufgaben für Sie übernimmt. Die Patienten gehen nicht mehr zum Arzt wenn sie sich unwohl fühlen, weil sie davon ausgehen, dass sich das

System melden wird, sobald etwas mit Ihrem Körper nicht stimmt. Diese Annahme kann jedoch ein Trugschluss sein. Daher wird von Ärzten empfohlen, die Routineuntersuchungen in regelmäßigen Abständen wahrzunehmen.

Weitere Risiken, die das Telemonitoring mit sich bringt, hängen vor allem mit den technischen Komponenten des Systems und der Übertragung der Daten zusammen. Aus diesem Grund ist es wichtig, dass der Patient der Technik nicht blind vertraut, auch wenn dieses eigentlich von einem solchen System erwartet wird. Es kann jederzeit zu Problemen oder Fehlern durch die eingesetzte Hardware kommen. Das beginnt beispielsweise schon damit, dass das Mobiletelefon ausfällt, also defekt ist, oder einfach der Akku des Gerätes leer ist. Zudem besteht die Gefahr, dass das Mobilfunkgerät keinen Empfang hat. Dies kann unteranderem durch eine schlechte Netzabdeckung des Mobilfunkanbieters oder einen kompletten Netzausfall entstehen. In beiden Fällen muss der Patient von diesem Zustand nichts mitbekommen haben und befindet sich möglicherweise in Lebensgefahr, ohne dass er davon weiß.

Ein weiterer wichtiger Aspekt ist der Datenschutz. In diesem Bereich stellt sich die Fragen, von wem die Daten des Patienten eingesehen werden können und ob die Daten vor Dritten geschützt sind. Es lässt sich nicht ausschließen, dass durch die schnelle technische Weiterentwicklung, die heutzutage stattfindet, immer wieder Schlupflöcher auftauchen, die durch Dritte ausgenutzt werden können. Ein sehr bekanntes Ereignis hat sich beispielsweise Ende 2009 ereignet. Der Chaos Computer Club (CCC) hat aufgezeigt, dass es „nicht mehr [.] verantwortbar [ist], sensible Informationen über das Mobiltelefon im GSM-Netz als Gespräch oder Kurznachricht auszutauschen"[20]. Der Grund dafür ist der über zwanzig Jahre alte Verschlüsselungsmechanismus. Es wurde herausgefunden, dass dieser den aktuellen Sicherheitsanforderungen nicht mehr gerecht wird. Auf dem 26. Chaos Communication Congress (26C3) hat der CCC der Öffentlichkeit erstmals diesen praktikablen Angriff mit Amateurmitteln und ohne hohen finanziellen Aufwand vorgestellt. Mitglieder des CCC demonstrierten, dass das Abhören von Mobilfunkgeräten möglich ist. Jedoch stellt sich die Frage, ob das sogenannte

---

[20] Chaos Computer Club (2009), o.S.

- 14 -

„Hacken" sich ausschließlich auf das Abhören der Daten bezieht. Und genau darin besteht das Risiko. Es existiert theoretisch die Möglichkeit, dass die Daten durch Dritte manipuliert werden können. Das bedeutet, dass ein Dritter im Namen des Patienten falsche Daten an das telemedizinische Zentrum weiterleiten kann. Aber auch die Manipulation in die andere Richtung wäre möglich. Der Angreifer könnte sich in das Telemonitoring-System einklinken, sich gegenüber dem Patienten als Arzt ausgeben und dessen Medikation ändern.

Es besteht jedoch nicht nur das Risiko durch sogenannte Hacker, sondern auch der Patient selber ist eine potenzielle Risikoquelle. Es besteht die Gefahr, dass ein Patient sein Gerät verliert und dieses inklusive aller wichtigen medizinischen Daten des Patienten in die Hände Dritter gerät.

3.4 Entwicklung im Gesundheitswesen

Aufgrund des medizinischen Fortschritts hat in den letzten Jahrzehnten ein kontinuierliche Abnahme der Sterblichkeit stattgefunden. Trotzdem führten beispielsweise Erkrankungen im Bereich des Herz-Kreislauf-Systems im Jahr 2008 zu 363.785 Todesfällen in Deutschland. Das bedeutet, dass fast jeder zweite Deutsche (43,1%) aufgrund einer Erkrankung des Herz-Kreislauf-Systems verstorben ist. Damit führen Herz-Kreislauf-Erkrankungen weiter unverändert die Liste der Todesursachen an. Vor allem bei älteren Menschen ist es die Todesursache Nummer eins. Über 91% der Patienten, die älter als 65 Jahre waren, sind an einer Herz-Kreislauf-Erkrankungen verstorben.[21] Aus diesem Grund setzt das Bundesministerium für Bildung und Forschung (BMBF) in diesem Bereich sehr stark auf Forschungsförderung für die Medizin/ Medizintechnik. Denn eines der gravierenden Probleme in Deutschland ist, die stetig anwachsende Zahl an chronisch herzkranken Patienten. Derzeit leiden ca. 1,8 Millionen Deutsche an chronischer Herzinsuffizienz und jährlich kommen 200.000 bis 300.000 Patienten hinzu.[22]

Im Jahr 2006 wurden im deutschen Gesundheitssystem 35,2 Milliarden Euro für Patienten mit Herz Kreislauf-Erkrankungen aufgewendet. Was allein 14,9% aller

---

[21] Vgl. DeStatis (2008), o.S.
[22] Vgl. VDE (o.J.), S. 4

Krankheitskosten (236 Milliarden) in Deutschland ausmacht.[23] Dabei wurden 40% dieser Kosten für Krankenhäuser sowie für die stationäre und teilstationäre Pflege ausgegeben.[24] Laut Professor Harald Korb, Direktor der Personal HealthCare-Telemedicine Services GmbH, lassen sich diese Kosten durch den Einsatz von Telemonitoring jedoch einsparen. Es sind „Einsparungen von bis 30 Prozent [.] [jährlich] möglich, ohne das die Qualität der Versorgung [dabei] leidet".[25]

Der Vergleich von Diagnosedaten in Krankenhäusern nach Altersgruppen macht deutlich, dass Patienten die zwischen 65 und 85 Jahren alt sind mit 54,4% am häufigsten an Erkrankung des Kreislaufsystems leiden. Insgesamt belegt die Altersgruppe jedoch lediglich 33,5% der im Jahr 2003 behandelten Patienten.[26]

Abb. 1 Diagnosedaten für das Jahr 2003 in Krankenhäusern, dargestellt nach Altersgruppen.

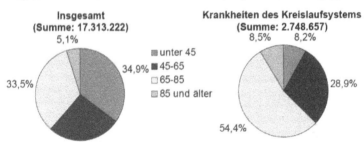

Quelle: Darstellung Oberender & Partner. Daten: Statistisches Bundesamt 2005
Abbildung 3: Diagnosedaten für das Jahr 2003 in Krankenhäusern (dargestellt nach Altersgruppen)

Im Vergleich zu 2003 haben sich die Behandlungskosten in den folgenden Jahren für Patienten von Herz-Kreislauf-Erkrankungen kontinuierlich erhöht. Heute ist es so, dass über 66,5% der Kosten durch die Altersgruppe ab 65 Jahren entstehen. Dieser Wandel hängt vor allem mit der demographischen Entwicklung zusammen.[27]

Aufgrund der demographischen Entwicklung werden im Jahr 2030 voraussichtlich mehr als 28 Millionen Menschen über 60 Jahre alt sein. Das besagt, dass die

---

[23] Vgl. DeStatis (o.J.), o.S.
[24] Vgl. Bauer (2006), S. 7
[25] VDE (2005), S. 1
[26] Bauer (2006), S. 7
[27] Bauer (2006), S. 7

Senioren diejenige Bevölkerungsgruppe sein wird, deren Reichtum anderen Gesellschaftsteile in den Schatten stellen wird. Heute allein verfügen ältere Menschen in Deutschland über 316 Milliarden Euro und in Europa sind es sogar über 3 Billionen Euro. Laut einer Studie des Deutschen Instituts für Wirtschaftsforschung wird jeder dritte Euro von älteren Bürgern ausgegeben. Das macht deutlich, dass diese Bevölkerungsgruppe zu einer der wichtigsten marktbestimmenden Kräfte geworden ist. [28]

3.5 Akzeptanz der Telemedizin

Eine Marktforschungsstudie der Universität Basel hat deutlich gezeigt, dass Telemedizin auf große Akzeptanz bei Patienten stößt. Als wesentliches Qualitätsmerkmal wird dabei das Telekonsultation, welches durch Ärzte durchgeführt wird, gesehen. Die Mehrheit der Schweizer Ärzte glaubt hingegen nicht an die Zukunft der Telemedizin und lehnt diese eher ab. Bei einer detaillierten Betrachtung der Ärztebefragung fällt jedoch auf, dass lediglich ältere Ärzte die Telemedizin ablehnen. Ein wesentlicher Grund für die Ablehnung ist, dass Telemedizin als ein Konkurrenzangebot betrachtet wird. Jüngere Ärzte hingegen akzeptieren die Telemedizin und können sich eine Unterstützung im Alltag durch die Technik gut vorstellen. [29]

[28] Kunkel (2009), o.S.
[29] Basel (2008), S. 1f.

4 Fazit

Um zu verstehen, was Telemonitoring ist, wurde in der vorliegenden Arbeit diese Technik genauer beschrieben. Dazu wurden zu Beginn der Arbeit die Grundbegriffe erklärt. Dabei sollte verdeutlicht werden, wo der Begriff des Telemonitoring's einzuordnen ist, was Telemonitoring bedeutet und welche technischen Voraussetzungen geschaffen sein müssen. Im weiteren Verlauf wurden die beiden Telemonitoring-Techniken Home-Health-Monitoring und Mobile-Health-Monitoring vorgestellt. Anschließend wurden die beiden Techniken auf ihre Eignung und den Nutzen im Gesundheitswesen untersucht. Dazu wurden die beiden Techniken gegenübergestellt und bewertet. Darauf folgend wurden der Einfluss, das Risiko sowie die Folgen, die die Technik mit sich bringt, genauer untersucht und aufgezeigt. Schließlich wurde auf die Entwicklung im Gesundheitswesen eingegangen.

Der Autor dieser Arbeit ist zu der Erkenntnis gekommen, dass Telemonitoring für das Gesundheitswesen von erheblicher Bedeutung ist. Da durch den Einsatz von technischen Geräten wie es bei den beiden Monitoring-Techniken der Fall ist, das Leben eines Patienten, der beispielsweise an einer Erkrankung des Herz-Kreislauf-Systems leidet, deutlich verbessern lässt. Der Patient ist nicht gezwungen sich in einem Krankenhaus aufzuhalten, damit dieser überwacht werden kann. Dieser kann sich in seiner Wohnung aufzuhalten und dennoch durch das System permanent überwacht zu werden. Durch den Einsatz von Mobile-Health-Monitoring wird dem Patienten sogar noch ein weiteres Maß an Freiheit und Flexibilität, die durch die Krankheit nicht mehr gewährleistet war, zurück gegeben. Zusätzlich kann durch die permanente Überwachung des Patienten schneller auf Veränderungen reagiert werden, bis hin zur Alarmierung des Rettungsdienstes mit automatischer Lokalisierung des Patienten. Es zeigt sich, dass der Einsatz von Telemonitoring, egal ob standortgebunden oder standortunabhängig, einen großen Vorteil und somit Mehrwert für den Patienten mit sich bringt. Der Einsatz bringt aber nicht nur dem Patienten einen entschiedenen Mehrwert, sondern auch dem Staat und den Kostenträgern. Diese können durch den Einsatz von Telemonitoring bis zu 30 Prozent der Kosten im Gesundheitswesen einsparen. Aus diesem Grund setzt das Bundesministerium für Bildung und Forschung (BMBF) in diesem Bereich sehr stark auf Forschungsförderung.

Literaturverzeichnis

Basel (2008)
o.V., Universität Basel, Medienmitteilung: Studie der Uni Basel: Patienten wollen ärztlichen Rat per Telefon, 2 Seiten, 2008, URL: http://www.medgate.ch/LinkClick.aspx?fileticket=WBVlyaYHNvw%3D&tabid=82 [Stand: 15.12.2009]

Bauer (2006)
Bauer, Stefan / Baumann, Martin / Becks, Thomas / Dehm, Johannes / Hacker, Jan / Rieber, Fabian / Schurr, Marc O.: VDE-Positionspapier - TeleMonitoring in der Prävention von Herz-Kreislauf-Erkrankungen, 32 Seiten, VDE (Verband der Elektrotechnik Elektronik Informationstechnik e.V.), Frankfurt/Main, 2006

Braasch (2007)
Braasch, Paul: Das Gesundheitswesen in Deutschland: Struktur- Leistungen- Weiterentwicklung, 408 Seiten, Deutscher Ärzteverlag, Ausgabe 4, 2007, ISBN 3769132203

Chaos Computer Club (2009)
Chaos Computer Club: Gespräche über das Mobiltelefon nicht mehr sicher, 2009, URL: http://www.ccc.de/de/updates/2009/gsm-nicht-mehr-sicher [Stand: 02.02.2010]

ComputerBase (2009)
ComputerBase GmbH: Wireless Body Area Network, 2009, URL: http://www.computerbase.de/lexikon/Wireless_Body_Area_Network [Stand: 02.02.2010]

DeStatis (o.J.)
DeStatis (Statistisches Bundesamt Deutschland): Krankheitskosten - Herz-Kreislauf-Erkrankungen verursachen die höchsten Krankheitskosten, URL: http://www.destatis.de/jetspeed/portal/cms/Sites/destatis/Internet/DE/Content/Statistiken/Gesundheit/Krankheitskosten/Aktuell.psml [Stand: 02.02.2010]

DeStatis (2008)
DeStatis (Statistisches Bundesamt Deutschland): Herz-/Kreislauf-Erkrankungen sind die häufigste Todesursache, Pressemitteilung Nr.344 vom 15.09.2009, URL: http://www.destatis.de/jetspeed/portal/cms/Sites/destatis/Internet/DE/Presse/pm/2009/09/PD09__344__2 32.psml [Stand: 02.02.2010]

DGTelemed e.V. (o.J.)
Deutsche Gesellschaft für Telemedizin e.V.: Telemedizin, o.J., URL: http://www.dgtelemed.de/de/telemedizin/index.php?print=1 [Stand: 23.12.2009]

Fischer u.a. (2005)

Fischer, Wolf-Joachim / Hey, Stefan;
Homberg, Benjamin / Korb, Harald /
Lührs, Christian / Norgall, Thomas / Rumm, Peter /
Schmidt, Silke / Strehlau-Schwoll, Holger / Stettin,
Jürgen: VDE-Thesen zum Anwendungsfeld
TeleMonitoring, 47 Seiten, DIN A4 Broschüre, VDE
(Verband der Elektrotechnik Elektronik
Informationstechnik e.V.), Frankfurt/Main, 2005
ISBN 3-00-017980-1

Kunkel (2009)

Kunkel, Andreas: Ambient Assisted Living - Eine alternde
Gesellschaft schafft Arbeit für Ingenieure, Frankfurter
Allgemeine – hochschulanzeiger.de, 2009, URL:
http://www.faz.net/s/RubC369C1C69080485483CF2703
74650FDE/Doc~E7E82307955B742D2A8307C6EE57FD
328~ATpl~Ecommon~Scontent.html
[Stand: 17.12.2009]

Machacek (2003)

Machacek , Bernhard: Telemedizin – Grundlagen
wissenschaftliches Arbeiten, 2003, URL: http://www.ads.
tuwien.ac.at/teaching/ws03/PSEinf/2003-12-02-b.pdf
[Stand: 02.02.2010]

Matera (2009)

Matera, Andre: Health Care Business: Marktchancen
digitaler Produkte, 132 Seiten, GRIN Verlag, 2009
ISBN 364040923X

MEDGATE (2009)

MEDGATE - Schweizer Zentrum für Telemedizin:
Telemedizin e.V.: Geschichte der Telemedizin, 2009, URL:
http://www.medgate.ch/%C3%9CberMedgate
/Telemedizin/Geschichte/tabid/106/Default.aspx
[Stand: 02.02.2010]

Müller u.a. (o.J.)

Müller, A. / Neuzner, J. / Oeff, M. / Pfeiffer, D. / Sack, S.;
Schwab, JO. / Zugck, C.: VDE/DGK Thesenpapier
TeleMonitoring Systeme in der Kardiologie, 48 Seiten,
DIN A4 Broschüre, VDE, Frankfurt/Main, o.J.,
ISBN 978-3-925512-14-8

VDE (o.J.)

VDE (Verband der Elektrotechnik Elektronik
Informationstechnik e.V.), Gesünder leben rund um die
Uhr: Telemonitoring von Herz-Kreislauf-Erkrankungen,
20 Seiten, VDE, Frankfurt/Main, o.J.,
ISBN 978-3-925512-13-1

VDE (2005)

VDE (Verband der Elektrotechnik Elektronik
Informationstechnik e.V.), Pressemeldungen:
Präventiver Gesundheitsschutz durch Telemedizin –
Kosteneinsparung von 30 Prozent, 2 Seite, 2005